AF205466

Impressum
Verlag: BABADADA GmbH, Nedderfeld 112 , 22529 Hamburg
Geschäftsführer / Verlagsleitung: Harald Hof
Druck: Books on Demand GmbH, In de Tarpen 42, 22848 Norderstedt

Imprint
Publisher: BABADADA GmbH, Nedderfeld 112 , 22529 Hamburg, Germany
Managing Director / Publishing direction: Harald Hof
Print: Books on Demand GmbH, In de Tarpen 42, 22848 Norderstedt

sekolah
school

ruang kelas
classroom

membagi
divide

186/2

papan
board

halaman sekolah
school yard

guru
teacher

kertas
paper

menulis
write

pena
pen

meja kerja
desk

penggaris
ruler

buku
book

murit
pupil

tas sekolah

satchel

tempat pensil

pencil case

pensil

pencil

pengasah pensil

pencil sharpener

penghapus

rubber

kertas gambar

drawing pad

gambar

drawing

kuas

paintbrush

kotak cat

paint box

gunting

scissors

lem

glue

buku latihan

exercise book

pekerjaan rumah

homework

angka

number

2+2

tambhakan

add

5-2

mengurangi

subtract

2×2

mengalikan

multiply

menghitung

calculate

A

huruf

letter

ABCDEFG
HIJKLMN
OPQRSTU
VWXYZ

alfabet

alphabet

kata

word

teks

text

membaca

read

kapur

chalk

pelajaran

lesson

daftar

register

ujian

examination

sertifikat

certificate

seragam sekolah

school uniform

pendidikan

education

ensiklopedi

encyclopedia

universitas

university

mikroskop

microscope

peta

map

tempat sampah

waste-paper basket

hotel
hotel

hostel
hostel

kantor pertukaran mata uang
currency exchange office

koper
suitcase

mobil
car

bahasa

language

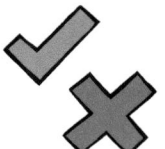

ya / tidak

yes / no

okay

Okay

hallo

hello

penerjemah

translator

terima kasih

Thank you

Berapa harganya…?

how much is…?

saya tidak mengerti

I don't get it

masalah

problem

Selamat malam!

Good evening!

Selamat siang!

Good morning!

Selamat tidur!

Good night!

sampai jumpa

goodbye

arah

direction

bagasi

luggage

tas

bag

ransel

backpack

tamu

guest

ruang

room

kantong tidur

sleeping bag

tenda

tent

informasi wisata

tourist information

pantai

beach

kartu kredit

credit card

sarapan

breakfast

makan siang

lunch

makan malam

dinner

tiket

Ticket

elevator

elevator

perangko

stamp

perbatasan

border

cukai

customs

kedutaan

embassy

visa

visa

paspor

passport

kapal terbang
airplane

perahu
ship

mobil pemadam kebakaran
fire truck

truk
truck

bis
bus

perahu motor
motorboat

sepeda
bike

mobil
car

feri
ferry

perahu
boat

sepeda motor
motorbike

mobil polisi
police car

mobil balapan
racing car

mobil sewa
rental car

berbagi mobil

car sharing

truk derek

tow truck

truk sampah

garbage truck

motor

engine

bahan bakar

fuel

bensin

fuel station

tanda lalulintas

traffic sign

lalulintas

traffic

macet

traffic jam

parkir mobil

parking lot

stasiun kereta

train station

trek

tracks

kereta api

train

tram

tram

gerobak

wagon

helikopter

helicopter

bendara

airport

menara

tower

penumpang

passenger

container

container

karton

carton

troli

cart

keranjang

basket

berangkat / mendarat

take off / land

kota
city

desa

village

pusat kota

city center

rumah

house

bioskop
movie theater

iklan
advert

lampu jalanan
street light

CINEMA

jalanan
street

taksi
taxi

toko jajan
snack shop

pejalan kaki
pedestrian

trotoar
sidewalk

tempat penyebrangan jalan
zebra crossing

tempat sampah
dumpster

penyebarang
crossing

lampu lalu lintas
traffic lights

gubuk

hut

rumah flat

apartment

stasiun kereta

train station

balai kota

city hall

museum

museum

sekolah

school

universitas

university

bank

bank

rumah sakit

hospital

hotel

hotel

farmasi

pharmacy

kantor

office

toko buku

book shop

toko

shop

toko bunga

flower shop

supermarket

supermarket

pasar

market

toko serba ada

department store

nelayan

fishmonger's shop

pusat belanja

mall

pelabuhan

harbor

taman

park

banku

bench

jembatan

bridge

tangga

stairs

kereta bawah tanah

subway

terowongan

tunnel

pemberhantian bis

bus stop

bar

bar

restauran

restaurant

kotak surat

postbox

tanda jalan

street sign

meteran parkir

parking meter

kebun binatang

zoo

kolam renang

swimming pool

mesjid

mosque

pertanian
farm

polusi
pollution

kuburan
cemetery

gereja
church

tempat bermain
playground

pura
temple

pemandangan
landscape

daun
leaf

penunjuk arah
signpost

jalanan
path

padang rumput
meadow

batu
stone

pejalak kaki
hiker

pohon
tree

sungai
river

rumput
grass

bunga
flower

lembah

valley

bukit

hill

danau

lake

hutan

forest

padang gurun

desert

gunung berapi

volcano

istana

castle

pelangi

rainbow

jamur

mushroom

pohon palem

palm tree

nyamuk

mosquito

lalat

fly

semut

ant

lebah

bee

laba-laba

spider

kumbang

beetle

kodok

frog

tupai

squirrel

landak

hedgehog

kelinci

hare

burung hantu

owl

burung

bird

angsa

swan

babi jantan

boar

rusa

deer

rusa

moose

bendungan

dam

turbin angin

wind turbine

panel surya

solar panel

iklim

climate

pelayan
waiter

daftar makanan
menu

kursi
chair

sup
soup

pizza
pizza

taplak
tablecloth

peralatan makan
cutlery

hindangan pembuka
starter

hidangan utama
main course

hidangan penutup
dessert

minuman
drinks

makanan
food

botol
bottle

fastfood

fast food

masakan jalanan

street food

teko teh

teapot

kaleng gula

sugar bowl

porsi

portion

mesin espresso

espresso machine

kursi tinggi

high chair

tagihan

bill

baki

tray

pisau

knife

garpu

fork

sendok

spoon

sendok teh

teaspoon

serbet

serviette

gelas

glass

piring

plate

piring sup

soup plate

lepek

saucer

saus

sauce

tempat garam

salt shaker

gilingan merica

pepper mill

cuka

vinegar

minyak

oil

bumbu

spices

saus tomat

ketchup

mustar

mustard

mayones

mayonnaise

penawaran khusus
special offer

klien
customer

produk susu
dairy products

buah
fruit

troli
shopping cart

pembantai
butcher's shop

toko roti
bakery

menimbang
weigh

sayur
vegetables

daging
meat

makanan beku
frozen food

pemotongan dingin

cold cuts

makanan kaleng

canned food

sabun serbuk

detergent

permen

candy

alat-alat rumah tangga

household products

obat pembersihan

cleaning products

penjual

sales representative

kasa

cash register

kasir

cashier

daftar belanja

shopping list

jam buka

opening hours

dompet

wallet

kartu kredit

credit card

tas

bag

kantong plastik

plastic bag

air

water

jus

juice

susu

milk

cola

coke

anggur

wine

bir

beer

alkohol

alcohol

coklat

cocoa

teh

tea

kopi

coffee

espresso

espresso

cappucino

cappuccino

pisang

banana

apel

apple

jeruk

orange

semangka

melon

jeruk lemon

lemon

wortel

carrot

bawang putih

garlic

bambu

bamboo

bawang bombai

onion

jamur

mushroom

kacang

nuts

mi

noodles

spagetti

spaghetti

nasi

rice

salat

salad

kentang goreng

fries

kentang goreng

fried potatoes

pizza

pizza

hamburger

hamburger

sandwich

sandwich

sayatan

escalope

ham

ham

salami

salami

sosis

sausage

ayam

chicken

menggoreng

roast

ikan

fish

bubur gandum

porridge oats

sereal

muesli

cornflakes

cornflakes

tepung

flour

croissant

croissant

roti

bread roll

roti

bread

toast

toast

biskuit

cookies

mentega

butter

dadih

curd

kue

cake

telur

egg

telur goreng

fried egg

keju

cheese

eskrim

ice cream

gula

sugar

madu

honey

selai

jelly

krim nugat

nougat cream

kare

curry

makanan - food

rumah peternakan
farm house

lumbung
barn

bale jemari
straw bale

lapangan
field

kuda
horse

kereta gandeng
trailer

anak kuda
foal

traktor
tractor

keledai
donkey

domba
sheep

domba
lamb

kambing

goat

sapi

cow

betis

calf

babi

pig

celeng

piglet

banteng

bull

angsa

goose

bebek

duck

anak ayam

chick

ayam

hen

ayam jantan

cockerel

tikus

rat

kucing

cat

tikus

mouse

lembu

ox

anjing

dog

rumah anjing

dog house

selang

garden hose

penyiram

watering can

sabit

scythe

bajak

plow

sabit

sickle

cangkul

hoe

garpu rumput

pitchfork

kapak

axe

gerobak

pushcart

palung

trough

kaleng susu

milk can

karung

sack

pagar

fence

kandang

stable

rumah kaca

greenhouse

tanah

soil

benih

seed

pupuk

fertilizer

mesin pemanen

combine harvester

panen
harvest

panen
harvest

yams
yams

gandum
wheat

kedelai
soya

kentang
potato

jagung
corn

lobak
rapeseed

pohon buah
fruit tree

singkong
manioc

sereal
grain

cerobong
chimney

atap
roof

pipa talang
downspout

jendela
window

garasi
garage

bel pintu
doorbell

pintu
door

sampah
trash can

kotak surat
mailbox

kebun
garden

ruang tamu
living room

kamar mandi
bathroom

dapur
kitchen

kamar tidur
bedroom

kamar anak
kids room

kamar makan
dining room

lantai

floor

tembok

wall

atap

ceiling

gudang di bawah tanah

cellar

sauna

sauna

balkon

balcony

teras

terrace

kolam renang

pool

mesin pemotong rumput

lawn mower

sprei

sheet

selimut

bedspread

tempat tidur

bed

sapu

broom

ember

bucket

tombol

switch

kertas dinding
wallpaper

gambar
picture

lampu
lamp

rak
shelf

kabinet
cabinet

televisi
television

perapian
fireplace

bunga
flower

bantal
cushion

vas
vase

sofa
sofa

remote control
remote control

karpet
carpet

korden
drape

meja
table

kursi
chair

kursi goyang
rocking chair

kursi malas
armchair

buku

book

selimut

blanket

dekorasi

decoration

kayu bakar

firewood

filem

film

hi-fi

stereo system

kunci

key

koran

newspaper

lukisan

painting

poster

poster

radio

radio

buku tulis

notebook

penyedot debu

vacuum cleaner

kaktus

cactus

lilin

candle

kulkas
fridge

mesin pemanggang
microwave oven

timbangan
kitchen scales

pemanggang roti
toaster

deterjen
laundry detergent

lemari es
freezer

kompor
stove

sampah
trash can

mesin pencuci piring
dishwasher

kompor
cooker

panci
pot

panci besi
cast-iron pot

wajan
wok / kadai

panci
pan

pemanas air
kettle

panci pengukus makanan

steamer

nampan

baking tray

piring

crockery

cangkir

mug

mangkok

bowl

sumpit

chopsticks

sendok sup

ladle

sudip

spatula

mengocok

whisk

saringan

strainer

saringan

sieve

parutan

grater

mortir

mortar

barbeque

barbecue

api terbuka

fireplace

dapur - kitchen

papan memotong

chopping board

gilingan

rolling pin

alat pembuka botol

corkscrew

kaleng

can

pembuka kaleng

can opener

pegangan panci

oven cloth

wastafel

sink

sikat

brush

busa

sponge

mesin pencampur

blender

lemari es

deep freezer

botol bayi

baby bottle

keran

tap

mesin pemanas
heating

mandi
shower

handuk
towel

tirai kamar mandi
shower curtain

mandi busa
bubble bath

bak mandi
bathtub

gelas
glass

mesin cuci
washing machine

keran
tap

ubin
tiles

pispot
potty

wastafel
sink

toilet	toilet jongkok	bidet
toilet	squat toilet	bidet

pissoir	kertas toilet	sikat toilet
urinal	toilet paper	toilet brush

sikat gigi

toothbrush

pasta gigi

toothpaste

benang gigi

dental floss

menyuci

wash

pancuran tangan

hand shower

pancuran

douche

bak

basin

sikat punggung

back brush

sabun

soap

gel mandi

shower gel

sampo

shampoo

planel

flannel

kuras

drain

krim

creme

deodoran

deodorant

kaca

mirror

cermin tangan

hand mirror

pisau cukur

razor

busa cukur

shaving foam

aftershave

aftershave

sisir

comb

sikat

brush

alat pengering rambut

hair-dryer

semprot rambut

hairspray

makeup

makeup

lipstik

lipstick

cat kuku

nail varnish

kapas

cotton wool

gunting kuku

nail scissors

minyak wangi

perfume

kantong pencuci

washbag

bangku

stool

timbangan

weighing scales

mantel mandi

bathrobe

sarung tangan karet

rubber gloves

tampon

tampon

handuk pembalut

sanitary towel

toilet kimia

chemical toilet

jam alarm
alarm clock

boneka tidur
cuddly toy

mobil-mobilan
toy car

rumah boneka
doll's house

kado
present

kelintung
rattle

balon

balloon

tempat tidur

bed

kereta bayi

stroller

mainan kartu

deck of cards

teka-teki

jigsaw

komik

comic

mainan lego

lego bricks

blok mainan

toy blocks

figur aksi

action figure

baju monyet

romper suit

frisbee

frisbee

mobile

mobile

permainan papan

board game

dadu

dice

set model kreta api

model train set

dot

pacifier

pesta

party

buku gambar

picture book

bola

ball

boneka

doll

bermain

play

tempat main pasir

sandpit

ayunan

swing

mainan

toys

video game konsol

video game console

sepeda roda tiga

tricycle

teddy

teddy bear

lemari pakaian

wardrobe

pakaian
clothing

kaos kaki

socks

kaos kaki

stockings

baju ketat

tights

syal
scarf

payung
umbrella

sabuk
belt

kaos
t-shirt

sepatu bot
boots

sandal
slippers

sepatu
sneakers

sandal	sepatu	sepatu bot karet
sandals	shoes	rubber boots

celana dalam	BH	baju rompi
underwear	bra	undershirt

body

body

celana

pants

jeans

jeans

rok

skirt

blus

blouse

kemeja

shirt

aket berkerudung

pullover

sweater

sweater

jaket

blazer

jaket

jacket

mantel

coat

jas hujan

raincoat

kostum

costume

gaun

dress

gaun pengantin

wedding dress

setelan resmi

suit

gaun tidur

nightgown

piyama

pajamas

sari

sari

jilbab

headscarf

turban

turban

burka

burka

kaftan

kaftan

abaya

abaya

pakaian renang

swimsuit

celana renang

trunks

celana pendek

shorts

olah raga

tracksuit

celemek

apron

sarung tangan

gloves

kancing

button

kacamata

glasses

gelang

bracelet

kalung

necklace

cincin

ring

anting

earring

topi

cap

gantungan mantel

coat hanger

topi

hat

dasi

tie

ritsleting

zip

helm

helmet

tali selempang

braces

seragam sekolah

school uniform

seragam

uniform

oto

bib

dot

pacifier

popok

diaper

server
server

lemari arsip
filing cabinet

pencetak
printer

kertas
paper

layar
monitor

mouse komputer
mouse

meja kerja
desk

tempat pengarsipan
folder

papan tombol
keyboard

tempat sampah
waste-paper basket

kursi
chair

computer
computer

cangkir kopi

coffee mug

kalkulator

calculator

internet

internet

laptop

laptop

surat

letter

pesan

message

telepon seluler

cell phone

jaringan

network

fotokopi

photocopier

software

software

telepon

telephone

plug soket

plug socket

mesin fax

fax machine

formulir

form

dokumen

document

membeli

buy

membayar

pay

berdagang

trade

uang

money

 USD

Dollar

dollar

 EUR

Euro

euro

JPY

Yen

yen

 RUB

Rubel

rouble

CHF

Franc Swiss

Swiss franc

 CNY

Renminbi Yuan

renminbi yuan

 INR

Rupiah

rupee

ATM

cash point

kantor pertukaran mata uang

currency exchange office

emas

gold

perak

silver

minyak

oil

energi

energy

harga

price

kontrak

contract

pajak

tax

saham

stock

bekerja

work

karyawan

employee

majikan

employer

pabrik

factory

toko

shop

petugas polisi
police officer

pemadam kebakaran
fireman

pemasak
cook

dokter
doctor

pilot
pilot

tukan kebun
gardener

tukang kayu
carpenter

penjahit wanita
seamstress

hakim
judge

ahli kimia
chemist

aktor
actor

sopir bis

bus driver

sopir taksi

taxi driver

nelayan

fisherman

pembantu

cleaning lady

tukang atap

roofer

pelayan

waiter

pemburu

hunter

pelukis

painter

tukang roti

baker

tukang listrik

electrician

pembangun

builder

insinyur

engineer

tukang daging

butcher

tukang ledeng

plumber

tukang pos

postman

tentara

soldier

arsitek

architect

kasir

cashier

penjual bunga

florist

penata rambut

hairdresser

konduktor

conductor

montir

mechanic

kapten

captain

dokter gigi

dentist

ilmuwan

scientist

rabbi

rabbi

imam

imam

biarawan

monk

pendeta

pastor

palu
hammer

tang
pliers

obeng
screwdriver

kunci
wrench

obor
torch

penggali

excavator

tas perkakas

toolbox

tangga

ladder

gergaji

saw

paku

nails

bor

drill

perbaikan

repair

sekop

shovel

Sialan!

Damn!

cikrak

dustpan

pot cat

paint can

sekrup

screws

alat musik
musical instruments

pengeras suara
loud speaker

alat drum
drum set

gitar
guitar

bas
double bass

trompet
trumpet

piano

piano

violin

violin

bass

bass

tambur

timpani

drum

drums

keyboard

keyboard

saksofon

saxophone

suling

flute

mikrofon

microphone

macan
tiger

pintu masuk
entrance

kandang
cage

sebra
zebra

pakan ternak
animal feed

panda
panda

hewan

animals

gajah

elephant

kanguru

kangaroo

badak

rhino

gorila

gorilla

beruang

bear

unta

camel

burung unta

ostrich

singa

lion

monyet

monkey

flamingo

flamingo

burung beo

parrot

beruang polar

polar bear

penguin

penguin

hiu

shark

merak

peacock

ular

snake

buaya

crocodile

penjaga kebun binatang

zookeeper

segel

seal

jaguar

jaguar

kuda poni

pony

macan tutul

leopard

kuda nil

hippo

jerapah

giraffe

burung elang

eagle

babi jantan

boar

ikan

fish

kura-kura

turtle

anjing laut

walrus

rubah

fox

kijang

gazelle

american football
American football

naik sepeda
cycling

tennis
tennis

basketbal
basketball

bernang
swimming

tinju
boxing

hoki es
ice hockey

sepak bola
....
soccer

badminton
....
badminton

atletik
....
athletics

bola tangan
....
handball

main ski
....
skiing

polo
....
polo

ketawa
laugh

meloncat
jump

memeluk
hug

berjalan
walk

menyanyi
sing

mengimpi
dream

berdoa
pray

mencium
kiss

menulis

write

melukis

draw

menunjuk

show

mendorong

push

memberikan

give

mengambil

take

mempunyai

have

melakukan

do

adalah

be

berdiri

stand

berlari

run

menarik

pull

melempar

throw

jatuh

fall

tidur

lie

menunggu

wait

membawa

carry

duduk

sit

berpakaian

get dressed

tidur

sleep

bangun

wake up

melihat

look at

menangis

cry

mengelus

stroke

menyisir

comb

berbicara

talk

mengerti

understand

menanyak

ask

mendengar

listen

minum

drink

makan

eat

merapikan

tidy up

cinta

love

memasak

cook

menyetir

drive

terbang

fly

berlayar

sail

menghitung

calculate

membaca

read

belajar

learn

bekerja

work

menikah

marry

menjahit

sew

sikat gigi

brush teeth

membunuh

kill

merokok

smoke

kirim

send

nenek
grandmother

kakek
grandfather

bapak
father

ibu
mother

bayi
baby

putri
daughter

putra
son

tamu
guest

bibi
aunt

paman
uncle

kakak laki
brother

kakak perempuan
sister

dahi
forehead

mata
eye

muka
face

payudara
breast

dagu
chin

bahu
shoulder

jari
finger

tangan
hand

lengan
arm

kaki
leg

bayi
baby

pria
man

wanita
woman

perempuan
girl

laki
boy

kepala
head

punggung

back

perut

belly

pusar

navel

toe

toe

tumit

heel

tulang

bone

pinggang

hip

lutut

knee

siku

elbow

hidung

nose

pantat

buttocks

kulit

skin

pipi

cheek

telinga

ear

bibir

lip

badan - body

mulut

mouth

gigi

tooth

lidah

tongue

otak

brain

jantung

heart

otot

muscle

paru-paru

lung

hati

liver

stomach

stomach

ginjal

kidneys

hubungan seks

sex

kondom

condom

sel telur

ovum

sperma

semen

kehamilan

pregnancy

menstruasi

menstruation

vagina

vagina

penis

penis

alis

eyebrow

rambut

hair

leher

neck

rumah sakit
hospital

ambulans
ambulance

kursi roda
wheelchair

patah tulang
fracture

dokter
doctor

ruang darurat
emergency room

perawat
nurse

darurat
emergency

semaput
unconscious

sakit
pain

cedera

injury

perdarahan

bleeding

serangan jantung

heart attack

stroke

stroke

alergi

allergy

batuk

cough

demam

fever

flu

flu

diare

diarrhea

sakit kepala

headache

kanker

cancer

diabetes

diabetes

ahli bedah

surgeon

pisau bedah

scalpel

operasi

operation

CT

CT

sinar x

x-ray

usg

ultrasound

topeng

face mask

penyakit

disease

ruang tunggu

waiting room

penyokong

crutch

plester

plaster

perban

bandage

injeksi

injection

stetoskop

stethoscope

usungan

stretcher

termometer klinis

clinical thermometer

kelahiran

birth

kelebihan berat badan

overweight

alat pendengar

hearing aid

desinfektan

disinfectant

infeksi

infection

virus

virus

HIV / AIDS

HIV / AIDS

obat

medicine

vaksinasi

vaccination

tablet

tablets

pil

pill

panggilan darurat

emergency call

ukur tekanan darah

blood pressure monitor

sakit / sehat

ill / healthy

Tolong!

Help!

alarm

alarm

penyerbuan

assault

serangan

attack

bahaya

danger

pintu darurat

emergency exit

Api!

Fire!

alat pemadam kebakaran

fire extinguisher

kecelakaan

accident

kit pertolongan pertama

first-aid kit

SOS

SOS

polisi

police

Eropa

Europe

Amerika Utara

North America

Amerika Selatan

South America

Afrika

Africa

Asia

Asia

Australi

Australia

Atlantik

Atlantic

Pasifik

Pacific

Samudra India

Indian Ocean

Samudra Antartika

Antarctic Ocean

Samudra Arktik

Arctic Ocean

kutub utara

North pole

kutub selatan

South pole

Antarktika

Antarctica

bumi

earth

tanah

land

laut

sea

pulau

island

bangsa

nation

negara

state

jam wajah

clock face

jarum pendek

hour hand

jarum menit

minute hand

jarum detik

second hand

Jam berapa?

What time is it?

hari

day

waktu

time

sekarang

now

jam digital

digital watch

menit

minute

jam

hour

minggu
week

Senin — Monday
Rabu — Wednesday
Jumat — Friday
Selasa — Tuesday
Sabtu — Saturday
Kamis — Thursday
Minggu — Sunday

kemaren

yesterday

hari ini

today

besok

tomorrow

pagi

morning

siang

noon

malam

evening

hari kerja

workdays

akhir minggu

weekend

hujan
rain

pelangi
rainbow

angin
wind

salju
snow

musim semi
spring

musim panas
summer

musim gugur
fall

musim dingin
winter

4.APRIL	11°	☀
5.APRIL	4°	☁
6.APRIL	13°	☁
7.APRIL	8°	☀
8.APRIL	10°	☀

ramalan cuaca
weather forecast

termometer
thermometer

matahari
sunshine

awan
cloud

kabut
fog

kelembahan
humidity

kilat

lightning

guntur

thunder

badai

storm

hujan es

hail

monsun

monsoon

banjir

flood

es

ice

Januari

January

Februari

February

Maret

March

April

April

Mei

May

Juni

June

Juli

July

Agustus

August

September
....
September

Oktober
....
October

November
....
November

Desember
....
December

bentuk
shapes

lingkaran
....
circle

persegi
....
square

persegi panjang
....
rectangle

segi tiga
....
triangle

bola
....
sphere

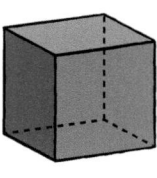

kubus
....
cube

warna-warna
colors

putih

white

kuning

yellow

oranye

orange

pink

pink

merah

red

ungu

purple

biru

blue

hijau

green

coklat

brown

abu-abu

gray

hitam

black

banyak / sedikit

a lot / a little

marah / tenang

angry / calm

cantik / jelek

beautiful / ugly

mulaih / selesai

beginning / end

besar / kecil

big / small

terang / gelap

bright / dark

saudara laki-laki / saudara perempuan

brother / sister

bersih / kotor

clean / dirty

lengkap / tidak lengkap

complete / incomplete

hari / malam

day / night

mati / hidup

dead / alive

luas / sempit

wide / narrow

dapat dimakan / tidak dapat dimakan

edible / inedible

jahat / baik

evil / kind

bersemangat / bosan

excited / bored

gemuk / kurus

fat / thin

pertama / terakhir

first / last

teman / musuh

friend / enemy

penuh / kosong

full / empty

keras / lembut

hard / soft

berat / enteng

heavy / light

lapar / haus

hunger / thirst

sakit / sehat

ill / healthy

ilegal / legal

illegal / legal

cerdas / bodoh

intelligent / stupid

kiri / kanan

left / right

dekat / jauh

near / far

baru / bekas

new / used

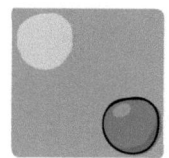

tidak ada apapun / sesuatu

nothing / something

tua / muda

old / young

nyala / mati

on / off

buka / tutup

open / closed

tenang / keras

quiet / loud

kaya / miskin

rich / poor

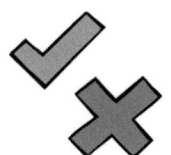

benar / salah

right / wrong

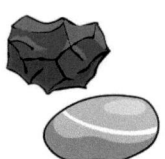

kasar / halus

rough / smooth

sedih / gembira

sad / happy

pendek / panjang

short / long

pelan-pelan / cepat

slow / fast

basah / kering

wet / dry

hangat / sejuk

warm / cool

perang / damai

war / peace

0

nol

zero

1

satu

one

2

dua

two

3

tiga

three

4

empat

four

5

lima

five

6

enam

six

7

tujuh

seven

8

delapan

eight

9

sembilan

nine

10

sepuluh

ten

11

sebelas

eleven

12

duabelas

twelve

13

tigabelas

thirteen

14

empatbelas

fourteen

15

limabelas

fifteen

16

enambelas

sixteen

17

tujuhbelas

seventeen

18

delapanbelas

eighteen

19

sembilanbelas

nineteen

20

duapuluh

twenty

100

seratus

hundred

1.000

seribu

thousand

1.000.000

juta

million

angka-angka - numbers

bahasa-bahasa
languages

Inggris

English

bahasa Inggris Amerika

American English

bahasa Cina Mandarin

Chinese Mandarin

bahasa Hindi

Hindi

bahasa Spanyol

Spanish

bahasa Perancis

French

bahasa Arab

Arabic

bahasa Rusia

Russian

bahasa Portugis

Portuguese

bahasa Bengal

Bengali

bahasa Jerman

German

bahasa Jepang

Japanese

saya

I

kamu

you

dia

he / she / it

kita

we

kalian

you

mereka

they

siapa?

who?

apa?

what?

begaimana?

how?

dimana?

where?

kapan?

when?

nama

name

dibelakang

behind

di

in

didepan

in front of

diatas

over

diatas

on

dibawah

under

sebelah

beside

di antara

between

tempat

place